Jean Vanier

Ich und Du: dem anderen als Mensch begegnen

Jean Vanier

Ich und Du:

dem anderen als Mensch begegnen

NEUFELD VERLAG

Aus dem Englischen übersetzt von Bernardin Schellenberger

Übersetzt aus der englischen Ausgabe *encountering 'the Other'*, erschienen 2005 bei Veritas Publications, Dublin/Irland

Deutsche Übersetzung autorisiert von Arche Deutschland

MIX
Papier aus verantwortungsvollen Quellen
FSC
www.fsc.org
FSC® C014496

Dieses Buch ist auch als E-Book erhältlich:
ISBN 978-3-86256-721-8, Bestell-Nummer 590 036E

Die Deutsche Bibliothek verzeichnet diese Publikation in der Deutschen Nationalbibliografie; detaillierte bibliografische Daten sind im Internet über www.d-nb.de abrufbar

Umschlaggestaltung: spoon design, Olaf Johannson
Umschlagbilder: John McElroy (oben), © ShutterStock®
Satz: Neufeld Verlag
Herstellung: GGP Media GmbH, Pößneck

ISBN 978-3-86256-036-3, Bestell-Nummer 590 036

www.neufeld-verlag.de / www.neufeld-verlag.ch

Folgen Sie dem Neufeld Verlag auch auf Facebook®
und in unserem Blog: www.neufeld-verlag.de/blog

NEUFELD VERLAG

Inhalt

Diesen Krieg gegen mich selbst habe ich jahrelang geführt.

Er war schrecklich, aber jetzt bin ich entwaffnet.

Ich fürchte mich vor nichts mehr, denn die Liebe treibt alle Furcht aus.

Das Bedürfnis, recht zu haben

und mich dadurch zu rechtfertigen, dass ich andere schlecht mache,

ist mir abhanden gekommen.

Ich lebe nicht mehr irgendwelcher Reichtümer wegen in der Verteidigungshaltung.

Ich möchte einfach alle willkommen heißen und mit ihnen teilen.

Ich beharre auch nicht hartnäckig auf meinen eigenen Vorstellungen und Vorhaben.

Wenn mir jemand etwas Besseres zeigt – oder richtiger sollte ich sagen: etwas Gutes –, akzeptiere ich das ohne irgend welches Bedauern.

Ich bin nicht mehr auf das Vergleichen aus.

Was gut, wahr und echt ist, ist für mich immer das Beste.

Deshalb habe ich keine Angst.

Wenn man entwaffnet und seines Ichs ledig ist

und sein Herz dem Gottmenschen öffnet, der alles neu macht,

so nimmt dieser alle Verletzungen von früher weg

und erschließt eine neue Zeit, in der alles möglich ist.

Patriarch Athenagoras von Konstantinopel

Zur Einführung

Die im vorliegenden Buch entwickelten Gedanken stammen aus Jean Vaniers Vorträgen, die er im Juni 2004 zum Thema »Encountering the Other« (»Dem Anderen begegnen«) in Derry-Londonderry hielt. Andere Hauptredner waren Milorad Todorovic aus dem Kosovo, Aaron Barnea aus Israel und Mubarak Awad aus Palästina.

Diese Konferenz bot Menschen ganz unterschiedlicher religiöser und nationaler Herkunft die Möglichkeit, zusammenzukommen, Unterschieden untereinander zu begegnen und diese Verschiedenheit miteinander zu feiern. Die Offenbarung der Konferenz war: Wenn wir einander wirklich begegnen, befähigt uns das, einander zu verstehen. Und wenn wir einander verstehen, kann es zu wirklicher Heilung und zum Frieden kommen. Den Frieden können uns nicht Politiker oder Kirchen auferlegen. Will der Friede von Dauer sein, so muss er in jedem einzelnen Menschen reifen. Unsere Gesellschaft kann nur dann gesunden, wenn jeder Mensch in ihr gesund wird. Dieses Gesundwerden lässt sich nicht dadurch erreichen, dass wir einander aus dem Weg gehen oder uns trennen, sondern indem wir einander begegnen.

So wird dieses Buch seinen Leserinnen und Lesern als bleibende Frucht dieser Konferenz dargeboten. Es soll sie dazu ermutigen und inspirieren, dem Anderen zu begegnen und auf diesem Weg zu Friedensstiftern zu werden. Der Stil des Buches hält sich an Jean Vaniers wörtliche Rede.

Die genannte Konferenz wurde organisiert von Anne Gibson, Mary Good, Perpetua McNulty, Ruth Patterson, Simon Coveney und Paul Farren.

KAPITEL 1

Vertrauen wagen und Macht loslassen

Heilig sein heißt ganz sein.[1] *Es bedeutet, in sich selbst sein eigenes Einssein zu finden, und zwar auf die Weise, dass man nicht nur im Kopf oder nur im Fleisch oder nur im Herzen ist. Dieses innere Ganzsein ist eine Spielart des Friedens und der Weisheit. Weisheit aber ist das, was wir besonders dringend brauchen.*

---

1 Anmerkung des Übersetzers: Im Englischen sind diese beiden Eigenschaftswörter ganz eng verwandt: *holy* und *whole.*

»Ich vertraue dir.«

Ich ging 1942 mit dreizehn zur britischen Marine, der Royal Navy. Zu einer Zeit, in der jedes fünfte Schiff versenkt wurde, überquerte ich den Atlantik. Bevor ich diesen Schritt tat, ging ich zu meinem Vater und bat ihn um die Erlaubnis, zur Marine gehen zu dürfen. Er fragte mich, warum ich das tun wolle. An meine Antwort entsinne ich mich nicht mehr. Ich weiß nur noch, dass er zu mir sagte: »Ich vertraue dir. Wenn es das ist, was du tun willst, dann musst du es tun. Ich vertraue dir.« So konzentriert sich bei mir die gesamte Frage, wie man Frieden stiften kann, auf das Vertrauen. Hab das Vertrauen, dass du wichtig bist, dass du kostbar bist und dass du der Welt und auch mir etwas Wichtiges zu geben hast. Was passiert, wenn wir nicht glauben, dass wir kostbar sind? Wir bekommen Angst.

Für mich besagt die Botschaft des Evangeliums, dass jede und jeder von uns ein Geschenk

Selbst wenn du nicht reden kannst,
selbst wenn du aufgegeben worden bist,
kannst du den anderen beschenken.

zu vergeben hat: Jede und jeder ist kostbar; jede und jeder hat das Bedürfnis, geliebt zu werden und irgendwo dazuzugehören.

Das Grundprinzip des Friedens ist die Überzeugung, dass jeder Mensch wichtig ist. Selbst wenn du nicht reden kannst, selbst wenn du nicht gehen kannst, selbst wenn du aufgegeben worden bist, kannst du den anderen mit etwas beschenken. Glaubst du, dass du wichtig bist? Glauben wir – wir alle – dass wir etwas tun können, um diese Welt zu einem besseren Aufenthaltsort zu machen? Warum wird die Kluft zwischen den Reichen und den Armen, den Mächtigen und den Ohnmächtigen immer breiter? Es kann keinen Frieden geben, solange wir uns nicht dessen bewusst werden, was der Grund für diese sich ständig vergrößernde Kluft ist.

Zuweilen kommt es vor, dass solche von uns, die mehr Macht, mehr Geld, mehr Zeit oder mehr Wissen haben, sich zu denen herunterbeugen, die weniger Macht, weniger Wissen oder weniger Reichtum haben. Es gibt die Bewegung von den »Höheren« hinab zu den »Niedrigeren«. Wenn Menschen großzügig

Du hast nicht mehr alles im Griff.
Du bist verwundbar geworden.
Du bist ein Freund geworden.

sind, haben sie alles im Griff. Stell dir etwa vor, da stürzt jemand auf offener Straße und du eilst diesem Menschen zu Hilfe, damit er wieder aufstehen kann. Aber dann passiert etwas weiteres: Du hörst diesem Menschen zu und ihr werdet Freunde. Vielleicht merkst du, dass er oder sie in großen Nöten ist und wenig Geld hat. Und dann bist du nicht bloß großzügig, sondern du lässt dich auf eine Beziehung zu ihm ein, die dein Leben verändern wird. Damit hast du nicht mehr alles unter Kontrolle. Du bist verwundbar geworden. Du hast diesen Menschen lieben gelernt. Du hast dir seine Geschichte angehört. Dich hat dieser unglaublich wunderbare Mensch, der etwas unglaublich Schwieriges durchgemacht hat, innerlich angerührt. Du hast nicht mehr alles im Griff. Du bist nicht mehr bloß der großzügige Mensch, sondern du bist verwundbar geworden. Du bist ein Freund geworden.

Im Lukasevangelium gibt es einen recht verstörenden Text. Da sagt Jesus: Wenn du ein Festmahl gibst, dann lade dazu nicht deine Familienmitglieder, deine Freunde oder reiche Nachbarn ein. Wenn du ein wirklich großar-

Jesus fordert uns auf, unser Herz für diejenigen zu öffnen, die an den Rand gedrüctk worden sind, und ihnen zum Freund zu werden.

tiges Mahl veranstaltest, ein richtiges Bankett, dann lade Arme, Behinderte, Lahme und Blinde ein und du wirst gesegnet sein (Lukas 14,13–14). In der Sprache der Bibel bedeutet ein Festmahl geben oder bei einem Festmahl sein, dass man zum Freund wird. Man tritt dann in eine Beziehung ein, die den Charakter eines Bundes hat. So fordert Jesus uns hier also auf, wir sollten hinter den Mauern unserer Gruppe hervorkommen und unser Herz für diejenigen öffnen, die wegen ihrer Armut oder wegen ihrer Behinderung an den Rand gedrückt worden sind, und ihnen zum Freund zu werden. Im Herzen Christi gibt es die starke Sehnsucht, die Menschen zusammenzuführen, damit sie Freunde werden. Will man diesen Schritt über die bloße Großzügigkeit hinaus zur engen Herzensgemeinschaft hin machen, bringt das unvermeidlich eine neue Lebensart mit sich. Zu ihr wird gehören, dass wir uns verwandeln lassen, denn wir werden dabei an Macht verlieren.

KAPITEL 2

Behindertsein und Ungleichheit

Dank eines dieser geheimnisvollen Ratschlüsse des Lebens wurde ich zu Menschen mit Behinderungen hingezogen. Durch das Leben mit ihnen, das Teilen mit ihnen, das Lachen mit ihnen, das Ringen mit ihnen, das Beten mit ihnen und das Arbeiten mit ihnen bin ich verwandelt worden.

Wie spricht man mit Menschen,
die nicht sprechen können?

Nach meiner Entlassung aus der Marine besuchte ich einen Priester, der Hausgeistlicher einer kleinen Einrichtung für geistig behinderte Menschen war. Er schlug mir eine Begegnung mit ihnen vor. Ich hatte davor etwas Angst, denn zwar wusste ich, wie man einen Flugzeugträger steuert und wusste einiges über Aristoteles, aber ich wusste recht wenig über Menschen mit Behinderungen! Ich fragte mich: »Werden die sich für mich interessieren? Wie spricht man mit Menschen, die nicht sprechen können? Wie können wir miteinander in Kommunikation treten?« Und so ging ich voller Ängste hin. Aber als ich sie traf, bewegte es mich sehr, dass sie mich so warmherzig willkommen hießen und mir etliche ganz grundlegende Fragen stellten wie: »Liebst du mich? Bin ich für dich wichtig?« und auch: »Warum? Warum bin ich so? Warum darf ich nicht bei meiner Mama und meinem Papa leben? Warum stürze

Wenn man gar nicht weiß, dass
einen jemand hören könnte,
verfällt man in Depression.

ich immer wieder zu Boden? Warum?« Ich empfand, dass es sehr wichtig war, mich während dieser paar Tage recht tief auf diese Frage »Warum?« einzulassen. »Das liegt an einem Geburtsfehler!« – ist das denn eine befriedigende Antwort?

Aus dem Zusammenleben mit behinderten Menschen habe ich sehr viel gelernt. Ich habe die Qual ihrer Herzen gesehen. Da entsinne ich mich etwa eines Besuches in einer Einrichtung in Brasilien: Eines Vormittags um zehn Uhr betrat ich einen kleinen Raum mit vierzig Betten und ich hörte niemanden weinen. Ich dachte bei mir: »Merkwürdig, vierzig Kinder, und keines weint!« Aber dann ging mir auf, dass die vierzig Kinder depressiv waren. Man weint nämlich nur, wenn man hofft, dass einen jemand hört. Wenn man gar nicht weiß, dass einen jemand hören könnte, verfällt man in Depression. In unserer heutigen Welt sehe ich sehr viel Depression.

Von einem jungen behinderten Mann wird die wunderschöne Geschichte erzählt, dass er bei den Paralympics, den Olympischen Spielen für Sportler mit Behinderung, unbedingt

Sind wir bereit, um der Solidarität willen auf den Sieg zu verzichten?

Sieger werden wollte. Er nahm am Hundertmeterlauf teil und rannte wie verrückt, um dabei die Goldmedaille zu gewinnen. Einer seiner Mitläufer rutschte aus und stürzte; da wandte er sich um, hob ihn auf und sie liefen beide gemeinsam als Letzte ins Ziel. Sind auch wir so bereit, um der Solidarität willen auf den Sieg zu verzichten? Das ist eine schwerwiegende Frage. Möchten wir Gewinner oder lieber mit anderen solidarisch sein? Warum nimmt die Kluft zwischen den Reichen und den Armen ständig zu? Oder auch die Kluft zwischen den Mächtigen und den Ohnmächtigen? Zwischen denen, die Unterdrücker sind, und den Unterdrückten? Wir müssen die Ärmsten und Schwächsten ins Auge fassen. Sie haben uns eine Botschaft zu überbringen. Durch das Leben mit diesen Menschen – die anders sind, zerbrechlich, verletzlich und voller Ängste – hat sich mir das Schönste in mir offenbart, aber auch das Schrecklichste. Ich habe gemerkt, dass die Angst mancher behinderter Menschen meine eigene Angst geweckt hat.

Weil es in uns so viel Spannung und Egoismus gibt, bedürfen wir der Verwandlung.

Die Vision Jesu ist eine Vision des Friedens, dass wir hinter unseren Sperren hervorkommen und die Menschen so entdecken, wie sie sind.

Wir sehen die Welt nur mit unseren eigenen Augen; wir sind unfrei und können deshalb die Menschen nicht so sehen, wie Gott sie sieht. Wir sehen die Menschen mit der Brille unserer Wunden, unserer Schwierigkeiten, unserer Vorurteile. Wir bedürfen der Befreiung, um die Menschen mit Behinderungen so zu sehen, wie Gott sie sieht. Um die Menschen anderer Kulturen so zu sehen, wie Gott sie sieht. Um von der Art befreit zu werden, wie wir sie sehen, und zu versuchen, sie zu verstehen. Wir alle haben Ängste und Vorurteile. Es ist wichtig, zu entdecken, woher unsere Wut und Gewalttätigkeit stammen und wie sich mit ihnen leben lässt. Es ist wichtig, eine Möglichkeit zur Verwandlung zu finden, so dass sich Angst und Hass in positive Energien umwandeln lassen.

Das ist ein weiter Weg. Das Wasser muss in Wein verwandelt werden. Die gesamte Vision Jesu ist eine Vision des Friedens und handelt davon, dass wir hinter unseren Sperren hervorkommen und die Menschen so entdecken, wie sie sind. Das ist die Verheißung, die von großen Propheten wie Jesaja und Ezechiel ausgesprochen worden ist: »Ich nehme das Herz von

Ich habe die große Enttäuschung von Eltern miterlebt, deren Kind mit einer Behinderung zur Welt kam.

Stein aus eurer Brust und gebe euch ein Herz von Fleisch. Ich lege meinen Geist in euch« (Ezechiel 36,26–27). Gott wird uns seinen Geist schenken, damit wir dann die Menschen nicht mehr bloß durch die Brille unseres verkümmerten Menschseins und unserer eigenen Wunden sehen werden, sondern so, wie Gott sie sieht. Das ist eine Verwandlung. Um aber in die Welt der Verwandlung eintreten zu können, müssen wir das wollen.

Gott verlieh Mann und Frau die unglaubliche Gabe, Kinder in die Welt zu bringen und sie zu lieben und zu erziehen. Zuweilen können Eltern jedoch von ihren Kindern enttäuscht sein und sich wünschen, sie sollten anders sein, als sie sind. Ich habe die große Enttäuschung von Eltern miterlebt, deren Kind mit einer Behinderung zur Welt kam. Ich kann ihren Schmerz verstehen. Aber da besteht immer die Gefahr, dass Eltern das Leben ihrer Kinder allzu sehr unter Kontrolle halten wollen. Sie vergessen, dass jemanden lieben nicht heißt, ihn zu besitzen oder unter Kontrolle zu halten, sondern ihm zu helfen, vollständiger er selbst und stolz darauf zu werden, wer er ist.

»Mach dir keine Sorgen, Mama,
Jesus liebt mich so, wie ich bin.«

Ich hörte einmal eine Geschichte über einen Jungen bei einer speziellen Kommunionfeier in einer Kirche in Paris. Nach dem Gottesdienst saß die Familie bei Kaffee und Tee zusammen. Der Onkel des Jungen ging zu dessen Mutter hin und sagte zu ihr: »Das war aber ein schöner Gottesdienst! Das einzig Traurige daran ist, dass er nichts davon verstanden hat.« Darauf sagte der kleine Junge mit Tränen in den Augen: »Mach dir keine Sorgen, Mama, Jesus liebt mich so, wie ich bin.« Er wusste, dass er nicht so sein musste, wie andere ihn gewollt hätten, und dass es in Ordnung war, wenn er einfach er selbst war mit seinen Behinderungen, seiner Zerbrechlichkeit und seinem ganzen Wesen.

Ich entsinne mich auch einer anderen Geschichte von einem Mann, der erfolgreicher Banker war. Er hatte eine wunderbare Ehe und bildhübsche Kinder. Alles lief gut: finanziell, bei der Arbeit, in der Familie. Dann begann sein ältester Sohn unter einer psychischen Störung zu leiden und wurde in eine psychiatrische Klinik eingewiesen. Der Mann war außer sich, weil er das nicht im Griff hatte. Immer hatte er sein Leben voll im Griff gehabt. Er hatte seine

Heute ist dieser Mann kein erfolgreicher, mächtiger Banker mehr.

Familie im Griff gehabt und seine Arbeit; alles war immer erfolgreich gelaufen. Er wusste, dass er über Macht verfügte. Aber da ging ihm jäh auf, dass er machtlos war, und eine neue Art von Angst und Wut kam ihm hoch. Dann geschah das Folgende: Er lernte andere Eltern kennen, die etwas ganz ähnliches erlebten, und das veränderte ihn nach und nach. Heute ist dieser Mann kein erfolgreicher, mächtiger Banker mehr; das bedeutet ihm jetzt gar nichts mehr. Worauf es ihm jetzt ganz ankommt, ist, mit anderen auf eine Welt hinzuarbeiten, in der es mehr Liebe gibt und in der sein Sohn eine bessere Betreuung erfahren und eine Gemeinschaft finden kann.

»Liebt eure Feinde; tut denen Gutes, die euch hassen. Segnet, die euch verfluchen; betet für die, die euch misshandeln« (Lukas 6,27–28). Mir haben Menschen mit geistigen Behinderungen schon öfter geholfen. Das ist eine Menschengruppe, die mit ihren tiefsten Bedürfnissen nicht oft respektiert wird, auf die man zu wenig hört, die man zu wenig ehrt. Paulus vergleicht in seinem ersten Brief an die Korinther den Leib der Kirche mit dem physischen Leib. Er sagt,

Die Schwächsten sind für die Kirche unentbehrlich und sollten geehrt werden.

dass die Körperteile, die am wenigsten vorzeigbar und die schwächsten sind, unentbehrlich seien und wir sie ehren sollten (vgl. 1. Korinther 12). Was für eine großartige Sichtweise! Die Schwächsten sind für die Kirche unentbehrlich und sollten geehrt werden. Wenn wir unseren Weg mit denen gehen, die am meisten geschlagen sind, passiert etwas in uns. Ich rufe euch auf, es ernst zu nehmen, wie schön ihr seid, sogar mit all euren Wunden und Schwächen, und eurer Berufung, die Allerschwächsten zu ehren.

Wie hilft man Kindern, sie selbst zu werden? Wie hilft man Kindern, ihr inneres Bewusstsein zu entwickeln? Wir müssen sie ermutigen, auf Wahrheit, Gerechtigkeit und Liebe aus zu sein; um Barmherzigkeit und Vergebung bemüht zu sein, so dass sie mehr sie selbst werden und ihr inneres Bewusstsein für jenen Ort entwickeln, an dem Gott in ihnen wohnt – den ich ihr »innerstes Heiligtum« nenne. Wir sind aufgerufen, den Kindern zu helfen. Wir sind aufgerufen, zu entdecken, wer sie sind, wie schön sie sind und dass sie berufen sind, ihr Herz der Liebe zu öffnen, ihr Herz Gott zu öffnen. Die

Die Herrlichkeit der Menschenwesen
liegt nicht in der Macht.

Herrlichkeit der Menschenwesen liegt nicht in der Macht, dieser Macht, jemand anderen unter Kontrolle zu haben; die Herrlichkeit der Menschenwesen liegt in der Fähigkeit, das Tiefste in uns reifen zu lassen. So wie dieser junge Mann, der beim Hundertmeterlauf als Letzter ins Ziel kam, weil er sich nicht für den Sieg, sondern für die Solidarität entschieden hatte.

KAPITEL 3

Unsere Angst überwinden

Unser grundlegendes Problem ist unser Bewusstsein, dass wir sterben müssen. Ich meine hier nicht bloß die Vorstellung: »In so und so vielen Jahren werde ich im Grab liegen.« Vielmehr meine ich das Annehmen von Schwäche und Älterwerden, also das allmähliche Zunichtewerden. Die größte Angst ist vielleicht die, als nichts wert erachtet und nicht mehr geschätzt zu werden. So ist die Angst vor dem Sterben, vor dem Beiseitegeschobenwerden, ganz grundlegend. Wir müssen uns mit dieser ganzen Frage, wo wir hinsichtlich unseres Sterbens stehen, genauer beschäftigen.

»Wovor haben wir Angst?«

Ich bin der Überzeugung, dass es heute wichtig ist, die in uns steckende Gewalttätigkeit aufzudecken und darauf zu kommen, dass unter der Gewalttätigkeit etwas Wunderschönes ans Licht kommt. Eine der Fragen, die immer wieder auftaucht, ist: »Wovor haben wir Angst?« Eine der Fragen, die ich gern allen Menschen in unseren Gemeinschaften stelle, ist: »Wovor hast du am meisten Angst? Ist das die Angst, nicht mehr geachtet zu werden? Ist es die Angst, beiseite geschoben zu werden? Ist es die Angst, nicht mehr geliebt zu werden? Ist es die Angst vor dem Sterben?« Wovor fürchten wir uns eigentlich? Denn aus Furcht und Angst kann Hass entstehen und aus Hass kann Krieg entstehen.

Wir müssen es lernen, uns unsere Ängste genauer anzusehen, denn wir dürfen uns nicht von Angst beherrschen lassen. Wir müssen unseren Ängsten direkt ins Gesicht sehen und

Wenn wir dem Tod und dem Scheitern
nicht ins Gesicht sehen können,
können wir nicht richtig leben.

das können wir nicht immer von uns aus tun. Wir brauchen dafür Hilfe, denn wenn wir dem Tod und dem Scheitern nicht ins Gesicht sehen können, dann ist es so, dass wir nie richtig leben können, denn leben heißt, Risiken eingehen und etwas tun oder Ziele verfolgen, die scheitern oder falsch laufen können. Wir können nicht in allem absolut sicher sein. Wir müssen in uns selbst diese Kraft entdecken, die uns geschenkt ist, um den Heiligen Geist zu empfangen, und zwar nicht nur allein, sondern mit anderen zusammen in Gemeinschaft, um dann Schritte nach vorn beschließen und Dinge riskieren zu können.

Das Wort ist Fleisch geworden und hat unter uns gewohnt, und wir sehen, dass dann die Vision Jesu im Wesentlichen darin besteht, die Menschen zusammenzuführen. Ich will dazu aufs Buch Genesis zurückgehen. Es ist wichtig, bis zu unseren Anfängen zurückzugehen: »Im Anfang schuf Gott Himmel und Erde.« Im Anfang schuf Gott Mann und Frau, damit sie eins werden. Dann hören wir, wie Mann und Frau sich von Gott abwandten, weil sie auf Autonomie aus waren, statt in Gott und mit

Wir haben Angst vor dem Anderen,
vor dem, der anders ist als wir.

Gott zusammenzukommen. Sie wandten sich ab. Als sie sich von Gott abwandten, begann Gott Adam anzurufen: »Wo bist du?« Adam erwiderte: »Ich bekam Angst, weil ich nackt bin, und versteckte mich« (Genesis 3,9–10). Wir alle kennen den in uns steckenden Ort der Angst. Wir fürchten uns. Wir haben Angst vor dem Anderen, vor dem, der anders ist als wir. Und warum? Weil wir so verletzlich sind; so anfällig für Schmerz, für Scheitern, für Ablehnung und fürs Sterben. »Ich war nackt«, sagte Adam. »Ich war verletzlich. Ich war voller Angst. Ich wusste nicht, was ich tun sollte; da versteckte ich mich.« Das ist die Geschichte der Menschheit. Wir verstecken uns hinter Mauern, hinter Gruppen, hinter der Kultur. Wir können uns sogar hinter der Religion verstecken.

Aber der »Feind« kann uns zum Freund werden. Zu den Frauen, die mich am meisten beeinflusst haben, gehört die junge Jüdin Etty Hillesum, die im November 1943 in Auschwitz im Alter von 29 Jahren starb. Einmal wurde sie von einem jungen Gestapo-Offizier angeschrieen. Sie schrieb in ihr Tagebuch, dass sie »darüber keineswegs entrüstet war und eher

Ihre tiefste Überzeugung war, dass jeder Mensch ein »Haus« ist, in dem Gott wohnt.

Mitleid mit ihm hatte, so dass [sie] ihn am liebsten gefragt hätte: War deine Jugend denn so unglücklich, oder hat dein Mädchen dich betrogen?«[2] Sie war nicht ängstlich. Sie hatte auch ein tiefes Gespür dafür, wer der Mensch ist. Was macht den Menschen zu der heiligen Wirklichkeit, die der Mensch ist? Ihre tiefste Überzeugung war, dass jeder Mensch ein »Haus« ist, in dem Gott wohnt. So schrieb sie einmal: »Jeder Mensch muss zu einer dir [Gott] geweihten Wohnstätte werden. Ich werde versuchen, in so vielen Häusern wie möglich für dich eine Wohnstätte und Zuflucht zu finden. Es gibt so viele leere Häuser. Ich werde sie alle für dich bereiten, den ehrenwertesten Gast.«[3] Sie hatte ein tiefes Gespür für die Schönheit jedes Menschen; sie empfand, dass jeder Mensch mit seiner Fähigkeit, zu sein, zu lieben und sich

---

2 *Das denkende Herz. Die Tagebücher von Etty Hillesum 1941–1943*, Hamburg 1985, 94.

3 In einem Brief, hier nach *An Interrupted Life. The Diaries, 1941–1943 and Letters,* New York 1996, 205.

*Sind wir dafür bereit, uns selbst
in unserer grundsätzlichen Armut
und Schönheit anzunehmen?*

lieben zu lassen, das Geheimnis Gottes in sich trägt.

Wonach halten wir also Ausschau? Sind wir dafür bereit, den Frieden nicht nur zu lieben, sondern auch für den Frieden zu arbeiten und uns selbst in unserer grundsätzlichen Armut und unserer grundsätzlichen Schönheit anzunehmen?

KAPITEL 4

Zuhören und Kommunikation

Friedensvereinbarungen sind etwas Wunderschönes. Aber genauso wichtig ist es, dass Menschen ganz an der Basis einander begegnen. Es ist wichtig, die Menschen zu ermutigen, zusammenzukommen und einander ihre Geschichten zu erzählen, und zu ihnen zu sagen: »Erzähl mir deine Geschichte, deine Leidensgeschichte und deine Hoffnungsgeschichte.«

Sünde ist, wenn zwischen dir und mir
eine Schranke ist; zwischen mir und Gott;
zwischen meinem Ich und mir selbst.

Ich möchte über eine Stelle im Johannesevangelium sprechen, die mich immer sehr bewegt. Johannes der Täufer sieht Jesus, blickt ihn an und sagt: »Seht, das Lamm Gottes, das die Sünde der Welt hinwegnimmt« (Johannes 1,29). Ich hätte zu gern damals Jesus gesehen, sein Verhalten und wie er ging. Für das jüdische Volk ist das Lamm von großer Bedeutung. Das Blut des Lammes ist mit der Befreiung des jüdischen Volkes aus der Knechtschaft verbunden, so dass es in Richtung des Gelobten Landes wandern konnte. Das geschlachtete Lamm ist das Lamm, das die Sünde hinwegnimmt.

Wisst ihr, was Sünde ist? Das ist, wenn zwischen dir und mir eine Schranke ist; zwischen mir und Gott; zwischen meinem Ich und mir selbst. Die Sünde ist eine Mauer, eine derartige Mauer, dass wir nicht miteinander sprechen können. Wir begegnen dann dem Anderen nicht, weil wir ganz sicher sind, dass nur wir

Das sind die ersten Worte Jesu an jeden von uns: »Was willst du? Was willst du wirklich? Was suchst du im Tiefsten?«

richtig liegen: »Du hast mir nichts zu geben. Ich brauche dich nicht.«

Und dann sieht Johannes der Täufer Jesus am folgenden Tag wieder und sagt: »Seht, das Lamm Gottes!«, dieses Lamm, das diese schreckliche Schranke wegnimmt, die uns daran hindert, uns selbst zu begegnen, dem Anderen zu begegnen, der Wahrheit zu begegnen und Gott zu begegnen. In diesem Augenblick fallen zwei der Jünger des Johannes von ihrem Meister und Lehrer ab. Von da an folgen sie Jesus. Und die ersten Worte Jesu in diesem Evangelium, als er sich nach ihnen umwendet, sind: »Was wollt ihr?« (Johannes 1,38). Das sind die ersten Worte Jesu an jeden von uns: »Was willst du? Was willst du wirklich? Was suchst du im Tiefsten? Worauf richten sich dein Begehren, dein Durst, deine Hoffnung?« Jesus sagt den Menschen nicht, was sie tun sollen. Er stellt ihnen eine Frage. »Was sucht ihr, wenn ihr anfangt, mir zu folgen?«

Ihr alle wisst, dass ich ich bin und ihr ihr seid und ihr eure Art habt, alles zu tun, und ich die meinige. Denkt daran, wie rasch es deswegen im Schoß einer Familie zum Konflikt kommen

»Mit seinen Kindern spricht man nicht übers Geld!«

kann und wie manche sich dann einfach abschotten und ohne jegliche Kommunikation miteinander weiterleben, Angst haben vor der Kommunikation, Angst davor haben, etwas zu sagen, ja sogar Angst davor haben, zu den Kindern etwas zu sagen!

Ich begleitete einmal ein Ehepaar und sie erzählten mir von ihrer siebzehnjährigen Tochter, die mehr Geld wollte. Ich kann mir gut vorstellen, dass alle Siebzehnjährigen gern mehr Geld hätten! Ich sagte zu den Eltern: »Ihr müsst einfach die Karten auf den Tisch legen. Habt ihr schon zu ihr gesagt: ›Schau, so und so viel verdienen wir, und soviel müssen wir für das Auto zahlen, und soviel für dieses und für jenes. Da bleibt nicht mehr viel Geld übrig, und darum können wir dir nicht mehr geben‹?« Sie sahen mich an, als hätte ich etwas völlig Unerhörtes vorgeschlagen, und entgegneten mir: »Mit seinen Kindern spricht man nicht übers Geld!« Aber warum eigentlich nicht? Dieses siebzehnjährige Mädchen war ja nicht dumm. Warum kann man mit ihr nicht darüber reden? Es mag sein, dass man mit einer Fünfjährigen nicht über die Finanzen reden kann, aber warum

Wir müssen aufeinander hören,
denn damit fängt alles an.

kann man seinen größeren Kindern gegenüber nicht die Karten auf den Tisch legen und offen sein? Warum soll da kein Dialog möglich sein?

Ich kann es verstehen, wenn in Irland manche junge Leute ihren Eltern gegenüber eine negative Einstellung haben, weil sie auf sie wütend sind und zwischen ihnen keine Kommunikation besteht. Ich war nie in der Elternrolle, aber ich sehe, dass es für Eltern schwierig ist, ihr zwölfjähriges Kind nicht wie ein Sechsjähriges zu behandeln, sondern wirklich wie ein Zwölfjähriges. Die Art, wie ein Kind mit zwölf kommuniziert, unterscheidet sich von der Art, wie es mit sechs und mit siebzehn kommuniziert.

Die Kommunikation ist von vitaler Bedeutung, die Kommunikation zwischen Mann und Frau und die Kommunikation zwischen Eltern und Kindern. Wir müssen aufeinander hören, denn damit fängt alles an und mit dem Glauben, dass das Kind wichtig ist. Damit soll natürlich keineswegs gesagt werden, dass wir nicht Regeln und klare Richtlinien und alles andere aufstellen sollten. Aber wir sollten erklären, warum wir das tun. Die Autorität steht im

Freiheit ergibt sich daraus, dass wir von der Angst zum Vertrauen übergehen.

Dienst der Liebe und der Hilfe für den anderen, dass er in die Freiheit hineinwächst. Die Freiheit ergibt sich daraus, dass wir von der Angst zum Vertrauen übergehen. Das heißt, dass wir ein hörendes Herz haben.

Heute sind alle gestresst, alle hetzen herum, alle tun mehr und immer noch mehr. Wir verlieren das, was ich »den heiligen Raum des Zuhörens« nennen möchte. Wenn wir Menschen des Friedens sein wollen, müssen wir in uns selbst im Frieden sein. In uns selbst im Frieden zu sein heißt aber nicht bloß, ruhig zu sein, sondern bedeutet, in uns selbst dieses Einssein zwischen Kopf und Herz zu finden.

Ich war kurz nach dem Völkermord in Ruanda und dort war die große Frage: »Wohin gehen wir von hier aus?« Es lag auf der Hand, dass die einzige Antwort darin bestand, dass kleine Gruppen von Angehörigen des Tutsi- und des Hutu-Volkes – jeweils nur sechs oder sieben Menschen – zusammenkommen mussten, um einander zu erzählen, was sie durchgemacht hatten und worauf sie hofften. Auch für Juden und Palästinenser ist es lebensnotwendig, darüber miteinander zu sprechen, was sie erlebt

Wir müssen einander unsere Geschichte erzählen.

haben und erleben, also über ihren Schmerz, ihre Wut und ihre Niedergeschlagenheit. Lasst uns miteinander über den Schmerz des Krieges sprechen, über den Schmerz, einen Sohn oder Vater zu verlieren.

Sprecht miteinander! Denn wenn wir nicht miteinander sprechen können, kocht der Schmerz weiterhin in uns hoch. Wo immer es Konfliktstätten gibt, müssen die Menschen zusammenkommen, um miteinander zu sprechen und sich auszutauschen, denn wir müssen einiges von dem loswerden, was wir durchleben. Wir müssen einander unsere Geschichte erzählen und können mit diesem Gespräch nur dort anfangen, wo Vertrauen herrscht. Hier in Nordirland bringt die Gemeinschaft von Corrymeela Mütter zusammen; das gleiche geschieht in Israel und Palästina zwischen Palästinensern und Juden. Die Menschen kommen zusammen, um miteinander darüber zu sprechen, wie sie verletzt worden sind.

Wenn wir verletzt worden sind, verfallen wir oft in Niedergeschlagenheit oder Gewalttätigkeit. Wir verschließen uns in Wut und Traurigkeit oder sind auf Rache aus. Aber zuweilen

Erzähl mir deine Geschichte, die
Geschichte deiner Schmerzen,
deines Versagens.

kommen Menschen zu dem Entschluss: »Das kann nicht mehr so weitergehen. Wir müssen etwas dagegen tun. Wir müssen es lernen, miteinander zu teilen und einen gemeinsamen Raum zu bilden.«

Es ist wichtig, zu entdecken, was es heißt, anderen zuzuhören, sie zu verstehen und zu begreifen, was in Menschen vorgeht. Es ist nicht leicht zu sehen, was in einem anderen Menschen vorgeht. Den Menschen einfach zu sagen, was sie tun müssen, bringt nichts. Wir müssen entdecken, wie wir in die Geschichte des Einzelnen eintreten können, damit es zum Dialog und gegenseitigen Vertrauen kommt. Das ist ein Anfang. Aber dann bleibt noch ein langer Weg und jede und jeder von uns hat auf der Reise zum Frieden seinen eigenen Weg.

Lasst uns versuchen, einander zu verstehen. Erzähl du mir deine Geschichte, die Geschichte deiner Schmerzen, die Geschichte deines Versagens, und ich kann dir meine Geschichte erzählen und irgendwie kommen wir dann zusammen. Vergebung ist ein langer Weg. Er beruht auf dem Wissen, dass jeder Mensch kostbar ist, dass jeder Mensch sich ändern kann,

»Wenn ich dich liebe, änderst du dich und auch ich ändere mich.«

dass also ich mich ändern kann und du dich ändern kannst. Früher pflegten wir zu sagen: »Wenn du dich änderst, liebe ich dich.« Jetzt fangen wir an, zueinander zu sagen: »Wenn ich dich liebe, änderst du dich und auch ich ändere mich.« Wenn du merkst, dass jemand dich wirklich liebt, dich wirklich schätzt und versteht und dir zuhört, dann fängst du an, dich zu verändern. Du kommst hinter deinen Barrikaden der Angst hervor, die du um dein Herz herum errichtet hast.

KAPITEL 5

Frieden

Wir sind in einer Welt, in der wir alle Frieden wollen. Wir alle lieben den Frieden. Aber die Frage wird immer sein: »Sind wir bereit, für ihn zu arbeiten?« Für ihn zu arbeiten kann aber heißen, sein Leben in Gefahr zu bringen. Es kann heißen, dass man Grenzen überschreitet und dabei nicht immer verstanden oder respektiert wird. Überschreite die Grenzen, um den Anderen zu treffen, dem Anderen zu begegnen und die Kraft zu finden, dem Anderen zuzuhören.

Falls wir bereit sind, Konfliktherde zu betreten, sind wir uns dessen bewusst, dass wir dabei verletzt werden können?

Es ist leicht, zu sagen, man wolle Frieden und liebe den Frieden. Es ist leicht, zu sagen: »Lass mich in Frieden« – aber sind wir bereit, für den Frieden zu kämpfen? Das würde heißen, die Konfliktherde zu betreten in der Familie, in der Gemeinschaft, wo auch immer. Und falls wir dazu bereit sind, Konfliktherde zu betreten, sind wir uns auch dessen bewusst, dass wir dabei verwundbar sind und verletzt werden können?

Wir können über den Frieden, den Frieden in der Welt sprechen, aber wir müssen auch über den Frieden in unseren Familien sprechen. Wir müssen über den Frieden mit unseren Kindern sprechen. Wir müssen über den Frieden sprechen, der darin besteht, dass der Mann der Frau hilft, voll und ganz sie selbst zu werden, und dass die Frau dem Mann hilft, voll und ganz er selbst zu werden, und darin, dass die Eltern ihre Kinder so sehr lieben, dass sie ihnen helfen,

Wenn unsere Familien Stätten der Liebe sind; wenn Eltern und Kinder einander helfen, voll und ganz Mensch zu werden, lebendig zu werden, dann wird der Friede in unser Land einziehen.

voll und ganz sie selbst zu werden. Dass sie sich nicht bloß einer Gruppe oder einem Stamm anschließen, sondern voll und ganz Mensch werden in enger Gemeinschaft mit Gott, das ist es, was Gott will, denn »die Herrlichkeit Gottes ist der durch und durch lebendige Mensch«.

Das Wort ist Fleisch geworden, um uns zusammenzubringen. Uns in der Familie zusammenzubringen, wo wir einander wirklich lieben. Nicht nur so zusammenzubringen, dass die Männer ins Pub weggehen, um Guinness zu trinken und die Frauen daheim allein lassen; nicht nur so zusammenzubringen, dass die Männer Fernsehen und Fußball schauen, sondern dass Männer und Frauen beieinander sind, einander lieben und füreinander ein Zeichen Gottes sind. Wenn unsere Familien Stätten der Liebe sind; wenn Eltern und Kinder einander helfen, voll und ganz Mensch zu werden, voll und ganz lebendig zu werden, dann wird der Friede in unser Land einziehen. Der Friede wird zwischen den Kulturen einziehen; der Friede wird in unsere Welt einziehen.

Wir wissen, was Erfolg ist, aber sind wir auf den Erfolg um den Preis aus, unser Menschsein

Wir sollten versuchen, einen Lebensstil zu finden, bei dem wir in Frieden leben und Zeiten des Stillseins finden können.

zu beschädigen? Meiner Überzeugung nach besteht etwas vom Wichtigsten, wozu wir als Friedensstifter berufen sind, darin, einen angemessenen Lebensstil zu finden. Wie leben wir?

In Frankreich sehe ich so viele Menschen, die anderthalb Stunden mit dem Auto bis zu ihrer täglichen Arbeit fahren müssen. Sie arbeiten den ganzen Tag und wenn sie dann heimkommen, sind sie vollständig ausgepumpt! Wenn sie vielleicht abends gegen acht Uhr heimkommen, lassen sie sich nur noch in den Sessel vor dem Fernseher fallen, weil sie von zu viel Stress und Erschöpfung ganz erledigt sind. Was bedeutet es, vor dem Fernseher zu hängen und sich ohne jeden Dialog bloß von Bildern berieseln zu lassen?

Wir sollten versuchen, einen Lebensstil zu finden, bei dem wir in Frieden leben und Zeiten des Stillseins finden können, denn erst dann können wir in Frieden sein, wenn wir die Stille schätzen können; auch die Stille in der Familie, in der wir in Liebe einfach beieinander sein können.

Im Gebet des Kohelet heißt es, es gebe eine Zeit zum Stillsein und eine Zeit zum Reden,

Es kann keinen Frieden geben, solange wir nicht der festen Überzeugung sind, dass jeder Mensch für Gott kostbar ist.

aber das Reden muss immer aus dem Stillsein heraus kommen, nicht aus einem Herd der Aggressivität und Machtausübung. Es ist ziemlich offensichtlich, dass wir, wenn wir gestresst sind, erschöpft sind, nicht mehr vernünftig und in Ruhe essen und uns freuen können, ein Stück von dem verlieren, was das Menschsein ausmacht. Wenn wir Menschen des Friedens sein wollen, müssen wir wissen und tun, was zum Menschsein gehört, zum Reifsein, zur Menschenliebe, zur Liebe zur Natur, zur Liebe zu den Kindern und zum Fröhlichsein mit den Kindern. Falls Eltern viel zu beschäftigt sind, als dass sie noch jemals Zeit hätten, sich auf ihre Hände und Füße niederzulassen und am Boden mit ihren Kindern zu spielen, verlieren sie etwas von ihrem Menschsein.

Es kann keinen Frieden geben, solange wir nicht alle der festen Überzeugung sind, dass jeder Mensch ganz unabhängig von seinen Fähigkeiten oder Behinderungen, seiner ethnischen Herkunft, Kultur oder Religion, für Gott kostbar ist. Im Herzen jedes Menschenwesens gibt es die Suche nach Wahrheit, die Suche nach Gerechtigkeit, die Suche nach Frieden, die

Jeder von uns ist für die Liebe geschaffen.

Suche nach Liebe, die Suche nach Barmherzigkeit. Jeder von uns trägt in seinem Herzen diese Sehnsucht nach etwas, das unsere unmittelbare Wirklichkeit weit übersteigt und über sie hinausführt. Diese Sehnsucht nach Frieden steckt tief im Herzen eines jeden von uns. Wir lieben die Wahrheit, wir möchten die Wahrheit wissen. Wir möchten Gerechtigkeit erfahren. Das ist etwas, das alle Menschenwesen vereint und uns zusammenführen kann. Dieser Zugang zu Gott, diese Möglichkeit, in Beziehung zu Gott zu treten, verbindet uns alle miteinander. Alles wurde von Gott geschaffen. Das Wort ist Fleisch geworden. Das Wort wurde zum kleinen Kind, um alle diese Schranken zu durchbrechen, die Trennungsmauer, die uns daran hindert, denen die Hand zu reichen, die anders sind. Hinter diesen Mauern hält sich jede Gruppe für die beste, die wichtigste und die von Gott meistgeliebte. Das Wort ist Fleisch geworden, um diese Schranken niederzureißen, damit wir alle entdecken können, dass jeder von uns für Gott kostbar und für die Liebe geschaffen ist.

Gott ist Vergebung. Gott ist Barmherzigkeit. Wir brauchen vor Gott keine Angst zu haben.

»Ich bin bei euch. Macht euch keine Sorgen. Was immer passiert, ich bin bei euch.«

Gott kennt unsere Gebrochenheit. Gott weiß, wie verletzlich wir sind, und Gott kennt auch die in uns steckende Angst und Gewalttätigkeit. Aber er lädt uns ein, tiefer zu gehen.

Mich berührt immer die Begebenheit im Johannesevangelium, wo Jesus nach seiner Erscheinung vor Maria Magdalena den zehn Jüngern erscheint und zu ihnen sagt: »Friede sei mit euch, meinen Frieden gebe ich euch« (Johannes 20,19). Wenn Jesus uns Frieden zuspricht, knüpft er damit einen Friedensbund mit uns; Jesus *ist* unser Friede. Er sagt zu uns: »Ich bin bei euch. Macht euch keine Sorgen. Was immer passiert, ich bin bei euch. Ich kümmere mich um euch. Ich will von euch nur eines: dass ihr Vertrauen habt.«

Das erinnert uns an den Text in Jesaja 43,1–4: »Fürchte dich nicht, denn ich habe dich ausgelöst, ich habe dich beim Namen gerufen, du gehörst mir. Wenn du durchs Wasser schreitest, bin ich bei dir, wenn durch Ströme, dann reißen sie dich nicht fort. Wenn du durchs Feuer gehst, wirst du nicht versengt, keine Flamme wird dich verbrennen. Denn ich, der Herr, bin dein Gott, ich, der Heilige Israels, bin dein Retter,

Er ging mit seiner Liebe bis ans Ende,
um zu jedem einzelnen von uns
sagen zu können: »Ich liebe dich.«

... weil du in meinen Augen teuer und wertvoll bist und weil ich dich liebe.« Wenn Jesus also zu seinen Jüngern und zu uns sagt: »Der Friede sei mit euch«, so sagt er damit: »Ich bin bei euch. Ich werde immer bei euch sein. Damit will ich nicht sagen, dass ihr nicht leiden oder keine Schwierigkeiten haben werdet, aber dass euch das nicht umbringt, sondern dass ich bei euch bin. Ich werde euch die Kraft geben, ich werde euch die Liebe geben. So macht euch keine Sorgen. Ich werde bei euch sein.«

Hierauf zeigt Jesus seinen Jüngern seine Wunden. Mich berührt es immer tief, dass Jesus ihnen diesen seinen verwundeten Leib zeigt, denn diese Wunden sagen uns etwas ganz Besonderes. Sie sprechen zu uns von der Liebe. Er ging mit seiner Liebe bis ans Ende, um zu jedem einzelnen von uns sagen zu können: »Ich liebe dich.« Aber das sagt uns auch etwas über unsere eigenen Wunden und unsere eigenen Schwierigkeiten, die wir mit Beziehungen haben: Durch seine Wunden wird Gott uns seine Stärke geben.

Jesus möchte nicht, dass wir wie in einem schützenden Kokon leben. Er schickt uns hinaus,

Dem Anderen zu begegnen, heißt seinem Anderssein Wertschätzung entgegenzubringen.

um in einer Welt voller Krieg Instrumente des Friedens zu sein; Instrumente der Liebe in einer Welt, in der so oft Hass und Gleichgültigkeit herrschen. Das muss nicht unbedingt heißen, dass er uns in ein fernes Land schickt, sondern er schickt uns auf neue Weise in unsere Familie, in unsere Schule, an unseren Arbeitsplatz oder in unsere Pfarrei.

»Dann hauchte er sie an und sagte: Empfangt den Heiligen Geist!« Empfangt eine neue Kraft. Wir alle brauchen neue Stärke. Wir brauchen diese Stärke, um einander zu helfen, hinter unseren Mauern der Angst hervorzukommen, damit wir unsere Herzen dem Anderen öffnen und dem Fremden begegnen können.

Dem Anderen zu begegnen, heißt nicht einfach bloß, mit ihm einen Gruß zu wechseln; auch nicht bloß, sich seine Geschichte anzuhören, sondern ihn zu verstehen, ja sogar noch weiter zu gehen: seinem Anderssein Wertschätzung entgegenzubringen. Erst dann können wir enge Gemeinschaft miteinander knüpfen. Aber dazu bedarf es einen langen Weges. Genau wie der Vater Jesus gesandt hat, so sendet Jesus auch uns in eine Welt, in der es viel Leid gibt.

Jeder fühlt sich schuldig, weil er nicht das ist, was er sein sollte.

Wisst ihr, wozu er uns da hinein sendet? Dass wir Vergebung bringen. Dass wir Menschen der Vergebung werden. Vergeben heißt nicht bloß, zu sagen: »Lass uns alles vergessen!«, sondern es heißt, eine neue Beziehung zu knüpfen und von da aus, wo man selbst steht, den Anderen zu verstehen, aufeinander zu hören und einander näher zu kommen. Jeder fühlt sich schuldig, weil er nicht das ist, was er sein sollte oder meint, eigentlich sein zu sollen. Jesus kam, um uns die Schuld zu erleichtern und jedem von uns entdecken zu helfen, dass es ganz in Ordnung ist, die zu sein, die wir sind, und von da aus weiterzuwachsen, um immer mehr Menschen des Friedens zu werden.

Zum Reiferwerden brauchen wir Gemeinschaft. Wenn wir das Vergeben lernen, entdecken wir, dass es ein Reiferwerden in Richtung Ganzheit und Heiligkeit bedeutet. Heiligkeit besteht nicht darin, uns bedeckt zu halten und Gebete zu verrichten. Heiligkeit besteht darin, wie Jesus zu werden und unseren Platz in der Welt einzunehmen, um zu offenbaren, dass Gott die Barmherzigkeit ist, also die Liebe ist. Gott ist gekommen, um uns zusammenzubrin-

*Heiligkeit besteht darin, wie Jesus
zu werden und unseren Platz
in der Welt einzunehmen.*

gen, und er möchte, dass wir ein Volk voller Hoffnung und auch voller Freude sind. Jesus sagt: »Dies habe ich euch gesagt, damit meine Freude in euch ist und damit eure Freude vollkommen wird« (Johannes 15,11).

KAPITEL 6

Die Verschiedenheit feiern

Jesus rief die Menschen in Liebe zusammen. Er rief die Menschen – unabhängig von ihrer Religion oder Rasse – auf, am gleichen Tisch zu essen und in eine Freundschaftsbeziehung einzutreten, die bedeutet, Schranken niederzulegen.

Wir folgen Jesus nicht nach, um ein bequemes Leben zu haben.

Ganz gleich, welcher Religion oder Kultur wir angehören oder welche Fähigkeiten wir haben, lautet eine der grundlegenden Aufforderungen Jesu: »Liebt eure Feinde. Tut Gutes denen, die euch hassen.« Was mich heute sehr beeindruckt, ist die Zahl von humanitären Projekten, die in keiner Weise religiös sind, in denen junge Menschen – und auch weniger junge – sich in gefährliche oder zumindest schwierige Situationen begeben, um anderen zu helfen und sich für andere zu engagieren. Jesus sagt: »Kommt und seht.« Aus dem Weg Jesu wird ein Weg der Verwandlung. Wir folgen Jesus nicht deshalb nach, um ein bequemes Leben zu haben.

Wenn wir um die Welt reisen, sehen wir, wie unterschiedlich die Menschen sind. Einem Europäer kommen die Japaner sehr japanisch vor und die Chinesen sehr chinesisch. Vielleicht geraten wir in den Mittleren Osten und

Überall sind die Menschen ganz unterschiedlich und jeder denkt, seine eigene Kultur sei die beste.

finden auch dort die Verhältnisse sehr anders als bei uns. Und wenn wir nach Afrika reisen, entdecken wir noch größere Unterschiede. Oder wir können über den Balkan, durch den Kosovo und Serbien reisen und dann weiter und schließlich die Franzosen und Italiener kennen lernen. Dann kann es zu den Britischen Inseln und nach Nordirland weitergehen. Überall sind die Menschen ganz unterschiedlich und jeder denkt, seine eigene Kultur sei die beste. So bauen wir Mauern um uns auf, Mauern der Sprache, der Gebräuche und der Art und Weise, wie wir zueinander und zu Gott in Beziehung treten.

Wären wir in einer Familie in der nördlichen Erdhälfte, so würden wir normalerweise den Kindern beibringen, mit Messer und Gabel zu essen, und wenn ich richtig sehe, würden Mama oder Papa ihnen sagen, es sei ungehörig, mit den Fingern zu essen. Aber der kleine Junge wird groß und reist eines Tages nach Indien und dort essen alle mit den Fingern! Sie finden es verrückt, mit einem Stück Metall zu essen, wo doch jeder Mensch Hände und Finger hat, mit denen er sich sein Essen zum Mund führen

Wie können wir über ein Dazugehören hinauswachsen, das uns verschließt und uns daran hindert, uns für andere zu öffnen?

kann! Dann reist er ein Stück weiter bis nach China oder Japan, wo die Menschen mit Holzstäbchen essen. Jede Kultur ist ganz anders.

Wie können wir über ein Dazugehören hinauswachsen, das uns verschließt und uns daran hindert, uns für andere zu öffnen? Ich möchte euch schildern, wie ich persönlich die Ökumene erlebt habe, denn ich bin in einer katholischen Familie aufgewachsen, die wenig Kontakt mit Protestanten oder Anglikanern hatte. Als ich als junger Mann aufs Marinekolleg kam, mussten wir jeden Morgen zum Appell antreten und dann ertönte das Kommando: »Römische Katholiken, vortreten!« Wir traten dann einen Schritt nach vorn, machten eine Kehre nach rechts und sprachen ein »Gegrüßet seist du, Maria«, während alle anderen das Vaterunser aufsagten.

Das hat sich alles gewaltig geändert. Ich habe zusammen mit einem Dominikanerpriester mit der Arche auf ganz katholischem Boden angefangen. Im Lauf der Zeit lernten wir immer mehr protestantische Eltern mit behinderten Kindern kennen und wir begannen uns zu öffnen. Als wir dann in Bethanien

Christen, Hindus und Muslime leben als Zeichen der Einheit und des Friedens miteinander in Gemeinschaft.

(in der West Bank) in der Nähe der Moschee eine Gemeinschaft eröffneten, begannen wir mit Muslimen zusammenzuarbeiten und kamen mit islamischen Eltern in Kontakt. Wir eröffneten auch in Bangalore und dann später in Kalkutta Gemeinschaften. In diesen Gemeinschaften leben Hindus, Christen und Muslime. In Kalkutta liegt unsere Gemeinschaft in einer besonderen Zone, wo es auf der einen Seite Muslime gibt, die Rindfleisch essen und auf der anderen Seite Hindus, die Schweine aufziehen und schlachten. Wer sich in dieser Hinsicht ein bisschen auskennt, kann sich leicht vorstellen, wie brenzlig es angesichts dieser Verhältnisse werden kann! Wir leben dort mitten zwischen allen: Christen, Hindus und Muslime leben da als Zeichen der Einheit und des Friedens miteinander in Gemeinschaft. Das ist nicht immer leicht, aber wir lernen es, diesen Weg zu gehen.

Bei der Ökumene geht es nicht einfach bloß darum, dass alle alles gemeinsam machen. Es geht darum, mit Menschen aus der Kirche von Irland zusammen zu sein, die ihre Kirche lieben, und zu wissen, warum sie dieser Kirche angehören; mit Presbyterianern, die ihre Kirche

Es ist wichtig, seine eigene Kultur,
seinen eigenen Glauben zu lieben.

lieben, und zu wissen, warum sie ihre Kirche lieben; mit Katholiken, die ihre Kirche lieben; mit Menschen aus Nordirland, die Nordirland und die Schönheit, die es dort gibt, lieben. Das heißt, jeder von uns ist Teil einer bestimmten Kultur und unser Fleisch und Blut ist von dieser Kultur geprägt, aber zugleich müssen wir wissen, warum das so ist. Ich bin nicht bloß deshalb Katholik, weil mein Vater und meine Mutter Katholiken waren. Es ist wichtig, seine eigene Kultur zu lieben, seinen eigenen Glauben zu lieben und dann zu entdecken, dass dieser Glaube uns aufruft, wir sollten uns öffnen, weil unser Glaube an Gott uns dazu führt, jeden Menschen zu lieben, ganz gleich, welche Fähigkeiten und Behinderungen er hat oder was für eine Religion auch immer.

Im Herzen der Botschaft Jesu steckt die Botschaft Jesu: »Liebt eure Feinde, tut Gutes denen, die euch hassen, sprecht gut von denen, die schlecht von euch sprechen, betet für jene, die euch schlagen und verfolgen.« Das klingt wunderschön. Hast du schon einmal versucht, über jemanden, von dem du weißt, dass er dich hinter deinem Rücken schlecht macht, etwas

Wenn wir wissen, dass Gott uns schützt,
müssen wir uns nicht selbst verteidigen.

Nettes zu sagen? Versuche, über diesen Menschen etwas Nettes zu sagen. Du wirst merken, das es dir hochkommt und du das nicht fertig bringst, denn wenn wir angegriffen werden, müssen wir uns verteidigen. Deswegen bauen wir diese Schranken auf und können erst dann anfangen, uns zu öffnen und den Feind zu lieben, wenn jemand anderer uns verteidigt. Bekanntlich lässt sich das Wort »Paraklet« für »Heiliger Geist« oder »Tröster« auch mit »Verteidiger« übersetzen; er ist also »derjenige, der uns verteidigt«. Wenn wir wissen, dass Gott uns schützt, müssen wir uns gar nicht selbst verteidigen.

KAPITEL 7

Versöhnung und Verwandlung

Jesus ist unser Friede und er kam, um uns zusammenzuführen. Er kam, um an unsere Herzen zu rühren und uns in eine Wirklichkeit über unsere eigene Gruppe hinaus und oberhalb von ihr zu führen, uns in eine Freundschaftsbeziehung zu Gott zu bringen. Er kam, um uns zu dem Gott zu führen, der uns erschaffen hat – der die Blumen, Insekten, Berge, Elefanten, ja das ganze Universum geschaffen hat – und der jeden von uns liebt. Jesus kam, um uns in die Wahrheit, Gerechtigkeit, Barmherzigkeit, Vergebung und Liebe einzuführen.

»Ich habe so viel Wut und Hass in mir, dass ich gar nicht weiß, wie ich damit umgehen soll.«

Ich hatte dank der »Arche« und »Glaube & Licht« das Privileg, viele ganz unterschiedliche Kulturen besuchen zu können. Während eines Aufenthalts in Ruanda kurz nach dem Völkermord kam eine junge Frau zu mir und erzählte mir, dass fünfundsiebzig Mitglieder ihrer Verwandtschaft ermordet worden seien. Sie sagte: »Ich habe so viel Wut und Hass in mir, dass ich gar nicht weiß, wie ich damit umgehen soll. Alle reden von Versöhnung, aber niemand hat je um Vergebung gebeten. Ich weiß einfach nicht, was ich mit all dem Hass anfangen soll, den ich in mir trage.« Ich sagte zu ihr: »Ja, das verstehe ich.« Was kann man mehr zu so einer jungen Frau sagen, die plötzlich völlig allein dasteht, weil ihre ganze Verwandtschaft ermordet worden ist? Ihr Problem bestand darin, dass sie sich schuldig fühlte, weil sie nicht wusste, wie sie das verzeihen konnte, und deshalb in der Welt des Hasses und Depression gefangen-

Vergebung ist ein Weg; sie
tritt nicht plötzlich ein.

saß. Ich sagte zu ihr: »Weißt du, dass der erste Schritt zur Vergebung heißt: ›keine Rache‹?« Möchtest du diejenigen umbringen, die deine Verwandten umgebracht haben? »Nein«, erwiderte sie, »es gibt schon viel zu viel Tod.« Ich sagte: »Schau, das ist der erste Schritt im Prozess der Vergebung, der allererste Schritt.«

Vergebung ist ein Weg; sie tritt nicht plötzlich ein. Der erste Schritt zum Friedenstiften heißt »keine Rache«. Dann geht es nach und nach darum, mit denjenigen, die uns verletzt haben, in eine Beziehung zu treten. Wir sprechen im Vaterunser: »Vergib uns unsere Schuld, wie auch wir vergeben unseren Schuldigern«: Vergib uns, denn auch wir haben andere verletzt und haben auch Gott verletzt. Vergib uns.

Im Evangelium gibt es eine Geschichte, die mich besonders berührt. Bei seinem letzten Mahl mit den Jüngern stand Jesus auf, legte sein Obergewand ab und holte ein Becken. Er füllte dieses mit Wasser, kniete sich vor seinen Jüngern nieder und wusch ihnen die Füße (Johannes 13,1–11). Damit offenbarte Jesus, dass Gott kommt und sich vor uns niederkniet. Was bedeutet das?

Warum schweigt Gott derart?

Wenn wir tragische Momente durchleben, können wir sagen: »Wo ist Gott? Warum greift Gott hier nicht ein?« Die Menschen auf beiden Seiten der Trennungslinie beten. In Nordirland beten sowohl die Katholiken als auch die Protestanten. Warum schweigt Gott derart?

Das hat manche Menschen auf den Gedanken gebracht, dass es Gott vielleicht gar nicht gibt. Zuweilen sprechen wir vom Schweigen Gottes angesichts der Tragödien dieser Welt, der tragischen Todesfälle und des Mordens. Wo ist Gott und was tut er?

Gott kniet sich uns zu Füßen und sagt: »Ich will euch die Kraft geben, dass ihr den Frieden bringen könnt.« Ich glaube, bei diesem Geheimnis, dass Jesus sich zu unseren Füßen hinkniet, geht es um die Demut. Und es geht um das Friedenstiften. Vielleicht werden wir dann zu Friedensstiftern, wenn wir nicht mehr darum kämpfen, an der Macht und ganz vorne dran zu sein, sondern uns einfach nur darum bemühen, einander zu dienen. Vielleicht können wir nicht alle in Kriegssituationen gewaltfrei aufstehen und in schmerzlichen Situationen als gewaltlose Menschen auftreten. Vielleicht können

Es ist für uns alle gefährlich,
dass wir in einer Kultur der
Konkurrenz und Rivalität leben.

wir nicht alle Großartiges leisten. Aber wir alle können uns gegenseitig zu Füßen knien und sprechen: »Ich vertraue dir und ich glaube dir.« Wir alle können Gottes Geist bitten, in uns zu kommen und uns die Stärke, die Weisheit und die Demut zu geben, dass wir anderen Menschen helfen können, aufzustehen und an sich selbst zu glauben. Es ist für uns alle gefährlich, dass wir in einer Kultur der Konkurrenz und der Rivalität leben, denn deshalb versetzen wir uns oft in eine Verteidigungshaltung und versuchen zu beweisen, dass wir besser als andere sind. Haben wir vergessen, dass sich Jesus vor uns niederkniet und uns bittet, einander genau dort zu dienen, wo wir sind?

Ich kann Petrus recht gut verstehen, der zu Jesus hinuntersah und ihn fragte: »Du willst mir die Füße waschen?« Jesus gab ihm zur Antwort: »Das kannst du jetzt noch nicht verstehen, aber später wirst du es verstehen.« Da entgegnete Petrus: »Nein, nie sollst du mir die Füße waschen!« Das sagte er deshalb, weil er Jesus nicht wirklich verstehen konnte. Er konnte nicht verstehen, dass Jesus kam, um eine völlig neue Ordnung zu bringen, in der die Mauern fallen

Begreifen wir Gottes Vision für die Menschheit oder sind wir in unseren eigenen kleinen Welten befangen?

und wir als Brüder und Schwestern zusammenkommen würden.

Begreifen wir diese neue Ordnung? Begreifen wir Gottes Vision für die Menschheit oder sind wir einfach nur in unseren eigenen kleinen Welten befangen? Kann der Friede einziehen? Gibt es Hoffnung für den Kosovo, für Israel, Palästina, Irak oder Nordirland? Gibt es Hoffnung in dieser Welt, wo die Kluft zwischen den Reichen und den Armen tagtäglich größer wird? Gibt es da noch Hoffnung?

Ja, da gibt es Hoffnung! Es gibt Hoffnung, weil es Gott gibt. Gott gibt es! Auch wenn Gott schweigen mag, gibt es dennoch das Geheimnis Gottes, das in den Herzen von Menschen am Werk ist, die Großartiges leisten. Sie kommen nicht in die Schlagzeilen. Die Schlagzeilen handeln häufig von schmerzlichen Dingen – von Katastrophen und Todesfällen. Was wir nicht sehen, sind alle die friedliebenden Menschen, die die Schranken niederreißen, um gemeinsam zu arbeiten und einander zu lieben.

Wir alle können die Reaktion von Petrus verstehen. Wenn Jesus sich uns zu Füßen niederknien würde, würden wir vielleicht genauso

Wenn jemand hungrig ist,
ist das unser Problem.

reagieren. Wir wünschen uns einen großen Gott, der unsere Probleme behebt. Wir wollen keinen kleinen Gott, der sagt: »Ich brauche dich und ich will kommen und in dir leben. Ich will dir neue Kraft geben und einen neuen Geist und du wirst dich dafür einsetzen, dass Menschen frei werden und zu lieben anfangen und Frieden stiften.« Wir wollen immer einen Gott, der unsere Probleme löst, aber Gott sagt: »Ich will dir die Kraft geben, dass du einer von denen werden kannst, die mit anderen zusammen daran arbeiten, unserer Welt den Frieden zu bringen.«

In unserer Welt gibt es viele hungernde Menschen. Gott schickt sich nicht an, ihnen aus den Bäumen Brot regnen zu lassen, denn wenn jemand hungrig ist, ist das unser Problem. Wenn jemand krank ist, ist das mein Problem; es ist dein Problem. Wenn jemand in einer Einrichtung eingesperrt ist, weil er eine Behinderung hat, ist das *mein* Problem; es ist *dein* Problem; es ist *unser* Problem. Dagegen müssen wir etwas tun. Wenn jemand Zahnschmerzen hat, betest du nicht einfach bloß für ihn, sondern du bringst ihn zu einem guten Zahnarzt.

Gott möchte, dass wir Menschen werden,
die Vergebung annehmen und schenken.

Und Jesus sagt zu uns: »Es liegt an euch, etwas dagegen zu tun, aber ich will euch meinen Geist geben. Ich will euch eine neue Kraft geben, eine neue Stärke und eine neue Weisheit, so dass ihr die Trennmauern der Feindschaft niederreißen könnt.« Es liegt an dir und mir, aber Gott wird uns die Kraft geben, wenn wir unsere Herzen ihm öffnen und ihn um diese Kraft bitten.

In den Geschichten, die von den Menschen erzählt werden, die darum ringen, den Frieden zu bringen, hören wir von der Gegenwart Gottes. Gott vertraut uns so sehr und liebt uns so sehr; er möchte, dass wir Menschen werden, die Vergebung annehmen und Vergebung schenken können; die Weisheit annehmen und Weisheit verschenken können. Der vor seinen Jüngern kniende Jesus ist eine Offenbarung des uns zu Füßen knienden Jesus, der spricht: »Ich vertraue dir, ich glaube an dich, ich liebe dich!« und uns aufruft, aufzustehen und uns für die Liebe einzusetzen.

Die Grenzlinien, die Menschen voneinander trennen, können aufgehoben werden, wenn wir unsere Herzen diesem verwundbaren Gott öffnen. Jesus hat uns den Geist gesandt, damit

Die große Frage bleibt im Raum stehen: »Wollen wir uns verändern?«

er unsere steinernen Herzen zu Herzen aus Fleisch macht. Er wurde schwach und wurde gekreuzigt und starb am Kreuz. Die Botschaft Jesu zielt auf Verwandlung. Er ruft uns auf, für andere offen zu werden. So bleibt immer die große Frage im Raum stehen: »Wollen wir uns verändern? Wollen wir unsere Herzen für den Anderen öffnen?«

Zum Autor

Jean Vanier, geboren 1928, studierte in Toronto und Paris und promovierte in Philosophie. Er war an der Gründung von zwei internationalen Gemeinschaftsbewegungen beteiligt, *Arche* und *Glaube & Licht*: Die *Archen* sind Lebensgemeinschaften von Menschen mit und ohne geistige Behinderungen, die ihren Alltag teilen und meist auch zusammen wohnen. *Glaube-&-Licht*-Gruppen sind kleine Gemeinschaften von Menschen mit geistigen Behinderungen, ihren Eltern, Familienangehörigen und Freunden, die sich regelmäßig zu Gebet, Austausch, Ausflügen oder gemeinsamen Feiern treffen.

Die 137 *Arche*-Gemeinschaften in 40 Ländern und 1600 *Glaube-&-Licht*-Gemeinschaften in 80 Ländern sind Lebensräume der Verwandlung und Erneuerung von Menschen. Hier und weit darüber hinaus hat Vanier sich über vier Jahrzehnte lang als radikaler Anwalt der Armen und Schwachen in unserer Gesellschaft eingesetzt. Während es beim Thema Behinderung häufig um Toleranz, Rechte und ein normales, inklusives Miteinander geht, lädt Jean Vanier ebenso beharrlich wie inspirierend dazu ein, die tiefgründigen Gaben und das ungemein wertvolle Beispiel der Menschen zu erkennen, die so häufig abgelehnt werden.

Mit seinem Führungsstil, seinen Veröffentlichungen und seiner ganz praktischen Arbeit überschreitet Jean Vanier religiöse und kulturelle Grenzen. Als Theologe und Philosoph ist er mit der Normalität des Alltags sehr vertraut; zugleich erleben Menschen jeglicher Herkunft, dass er ein tiefes Verständnis dafür verkörpert, wie schwierig es in unserer komplizierten Welt ist, gut zu sein und Gutes zu tun. Als Praktiker ist er ein Zeuge der transformierenden Kraft von Liebe, Schwachheit, Vergebung und Einfachheit – geistlichen Qualitäten, die heutzutage nicht oft im Rampenlicht stehen.

Seine Erfahrung eines Lebens mit Menschen mit geistigen Behinderungen und seine geistliche Reflexion dieser Erfahrung brachten ihn dazu, sich darauf zu konzentrieren, mit und für – vor allem benachteiligte – andere zu sein, ihnen echt zu begegnen und ihnen zu dienen. Immer wieder entdeckt und beschreibt er dabei auch die Schönheit im Gewöhnlichen unseres Alltags. Das Wachstum von *Arche* und *Glaube & Licht* zeigt, wie kraftvoll diese Einsichten sind.

Jean Vanier hat über 25 Bücher verfasst, die in zahlreichen Sprachen erschienen sind, zuletzt gemeinsam mit Bestsellerautor Philippe Pozzo di Borgo („Ziemlich beste Freunde“) *Ziemlich verletzlich, ziemlich stark – Wege zu einer solidarischen Gesellschaft.* Im Neufeld Verlag erschien seine Biografie aus der Feder von Kathryn Spink: *Jean Vanier und die Arche – Die Geschichte einer außergewöhnlichen Berufung.*

Jean Vanier lebt in der Arche in Trosly, Frankreich.

www.jean-vanier.org

www.arche-deutschland.de
www.arche-helvetia.ch
www.arche-tirol.at

www.foietlumiere.org
www.glaube-und-licht.de
www.glaubelicht.at

Veröffentlichungen von Jean Vanier im Neufeld Verlag

Ich und Du: dem anderen als Mensch begegnen
Neufeld Verlag, Schwarzenfeld 2013

Von den Wunden des Herzens
Wegbegleiter durch Zeiten der Depression
Neufeld Verlag, Schwarzenfeld 2011

Weites Herz
Dem Geheimnis der Liebe auf der Spur
Neufeld Verlag/Tyrolia Verlag,
Schwarzenfeld/Innsbruck 2010

NEUFELD VERLAG

*Der **Neufeld Verlag** ist ein unabhängiger, inhabergeführter Verlag mit einem ambitionierten Programm. Wir möchten bewegen, inspirieren und unterhalten. Und wir haben eine Leidenschaft für …*

… den Glauben. Wir glauben, dass es einen Gott gibt. Dass die Welt und jedes einzelne Leben kein Zufall ist. Es berührt uns, dass Gott diese Welt liebt. Und dass es möglich ist, dieser Liebe zu begegnen. Wir sind fasziniert von der Bibel, die uns motiviert, Gott zu vertrauen und Jesus Christus nachzufolgen.

… Persönlichkeiten. Dass die Bücher, die im Neufeld Verlag erscheinen, echt sind, dass sie etwas mitteilen vom wahren Leben, ist uns wichtiger als die Frage, wie prominent ein Autor ist. Wir lieben Bücher, die mit „Ich“ anfangen. Geschichten und Biografien von authentischen Persönlichkeiten finden wir spannend. Wir sind fasziniert von Menschen, die etwas zu sagen haben. Und das sind meistens Menschen, die etwas erlebt haben.

… Menschen mit Behinderung. Dünne Beine, dicke Lippen, große Füße, kleine Ohren, lange Nase, kurze Arme – wir Menschen sind nun mal verschieden. Und was unser Leben wertvoll macht und reich, was uns glücklich macht und zufrieden, hat nichts damit zu tun, was andere „normal“ finden. Von Menschen mit sichtbaren Behinderungen, mit Beeinträchtigungen oder einem besonderen Bedarf an Unterstützung können wir eine Menge lernen. Zum Beispiel, was Mensch sein wirklich heißt. Zu sehen, was wirklich wichtig ist. Und das Leben anzunehmen. Auch wenn es ganz anders kommt.

Folgen Sie uns auch in unserem Blog unter www.neufeld-verlag.de/blog und auf www.facebook.com/NeufeldVerlag!